Inhaltsverzeichnis

Vorwort

Liebe Lehrkraft,

immer wieder suchen wir für unseren Unterricht individuelle und kreative Zugangsmöglichkeiten, um die Kinder für ein Thema zu begeistern. Das Lapbook ist hier eine hoch motivierende Form, individuelle Lernergebnisse zu präsentieren.

Ein Lapbook ist ein Klappbuch oder eine aufklappbare Mappe mit unterschiedlichen Elementen zu einem bestimmten Thema. Grundsätzlich besteht das Lapbook aus einem Bogen Tonpapier, das sich wie ein Fenster aufklappen lässt. In diesem werden kleine Taschen, Briefumschläge, Falt- und Klappkarten, Drehscheiben, Leporellos, Bilder, Fächer u. v. m. mit unterschiedlichen Informationen zu dem gewählten Thema eingeklebt.

Die Kinder setzen sich so intensiv mit dem Thema auseinander, bestimmen ihre Schwerpunkte und beschaffen sich selbstständig oder mit Hilfe Informationen aus dem Internet sowie aus Sachbüchern. Die Kinder entscheiden selbstständig, wie sie die vorhandenen Informationen gestalterisch und schriftlich in ihr Lapbook einbringen. Lapbooks eignen sich dabei für die Einzel-, aber vor allem für die Partner- und Gruppenarbeit. Die Kinder müssen miteinander kommunizieren, Absprachen treffen und Probleme zusammen lösen, um am Ende ein gemeinsames Produkt zu erstellen und vorzustellen. Somit ist diese Arbeitsform auch für inklusiv arbeitende Lerngruppen geeignet.

Das „Lapbook Märchen“ behandelt die beiden Märchen „Rumpelstilzchen“ und „Frau Holle“ mit unterschiedlich festgelegten Gestaltungselementen, die aber je nach Bedarf angepasst und ausgetauscht und mit den Blankvorlagen ergänzt werden können. Mit diesen haben die Kinder auch die Möglichkeit, ihr Lieblingsmärchen oder sogar ein selbst geschriebenes Märchen selbstständig zu erforschen und anschließend zu präsentieren. Hier finden Sie Gestaltungsvorschläge und -vorlagen, die individuell eingesetzt werden können – je nach Leistungsvermögen der Kinder. Des Weiteren finden Sie in diesem Heft mögliche Unterrichtssequenzen sowie einen Bewertungsbogen zur Orientierung, um diese individuelle Schülerleistung zu erfassen.

Wir wünschen Ihnen viel Freude bei der Umsetzung und Gestaltung vieler kreativer Lapbooks mit Ihren Kindern!

Sonja Schneider und Katja Zigan

Über das Arbeiten mit diesen Materialien

Einsatz im Unterricht

Lapbooks sind in fast allen Fächern und auch fächerübergreifend einsetzbar. Ein Lapbook kann zum Abschluss eines Themas, als Zusammenfassung und zur Ergebnissicherung genutzt werden. Mit ihnen können die Kinder auch ihr eigenes Thema behandeln und die anderen Kinder dafür begeistern oder neue Lerninhalte erforschen.
Die einzelnen Elemente des Lapbooks können auf unterschiedliche Weise erarbeitet werden, zum Beispiel in Form des Stationenlernens oder am Ende einer Stunde zum Abschluss eines Teilthemas. Zu jedem Element sollten vorab Arbeitsblätter vorhanden sein, mit denen sich die Kinder die Inhalte selbstständig erarbeiten. Hierzu bieten sich einige Arbeitsblätter aus dem Heft „Märchen und Fabeln“ (DLK28) vom BVK Buch Verlag Kempen an.
Außerdem sollten die Kinder die Möglichkeit haben, selbstständig nach Informationen zu suchen. Hierzu kann ein Büchertisch vorbereitet werden, auf dem unterschiedliche Märchenbücher bereitliegen, in denen die Kinder recherchieren können. Um die Suche zu vereinfachen, markieren Sie am besten die Informationen zu den unterschiedlichen Themen zum Beispiel durch farbige Klebezettel. Darüber hinaus können die Kinder angeleitet werden, mit Hilfe des Internets nach Informationen zum Thema „Märchen“ und den Märchen selbst zu suchen. Hierzu bieten sich zum Beispiel die folgenden Kindersuchmaschinen an: *www.fragfinn.de* oder *www.helles-köpfchen.de*

Differenzierung

Lapbooks sind eine hervorragende Möglichkeit, den Unterricht zu differenzieren und den unterschiedlichen Lernvoraussetzungen der Kinder gerecht zu werden, da jedes Kind sein Lapbook nach seinen eigenen Vorstellungen und seinem individuellen Vermögen gestaltet. Dabei ist die Arbeit quantitativ als auch qualitativ differenziert durch die Auswahl der einzelnen Elemente des Lapbooks sowie deren Bearbeitung. Auf einigen Auftragskarten finden die Kinder dazu Tipps und Hilfestellungen. Weitere Kopiervorlagen zu „Die Märchenfiguren in ‚Rumpelstilzchen‘“ (S. 14/15) und „Magische Gegenstände in ‚Frau Holle‘“ (S. 25) finden Sie auf Seite 36.

Mögliche Unterrichtssequenzen

1. Sequenz:

- Gemeinsames Kennenlernen eines Lapbooks im Sitzkreis. Die Lehrkraft gestaltet dazu vorab ein Beispiel-Lapbook oder zeigt verschiedene Lapbooks anhand von Bildern oder Videos.
- Es folgt ein Gespräch über den Aufbau und die Gestaltung: verschiedene Elemente, deutliche Schrift, Verzierungen …

- Das Thema „Märchen“ wird bekanntgeben. Ggf. werden die Kinder in Paare oder Gruppen aufgeteilt oder ordnen sich einem Märchen zu („Frau Holle“, „Rumpelstilzchen“ oder Lieblingsmärchen/eigenes Märchen).

2. Sequenz:

- Die Kinder sichten ihre (mitgebrachten) Materialien und erstellen eine Mindmap zu ihrem Märchen.

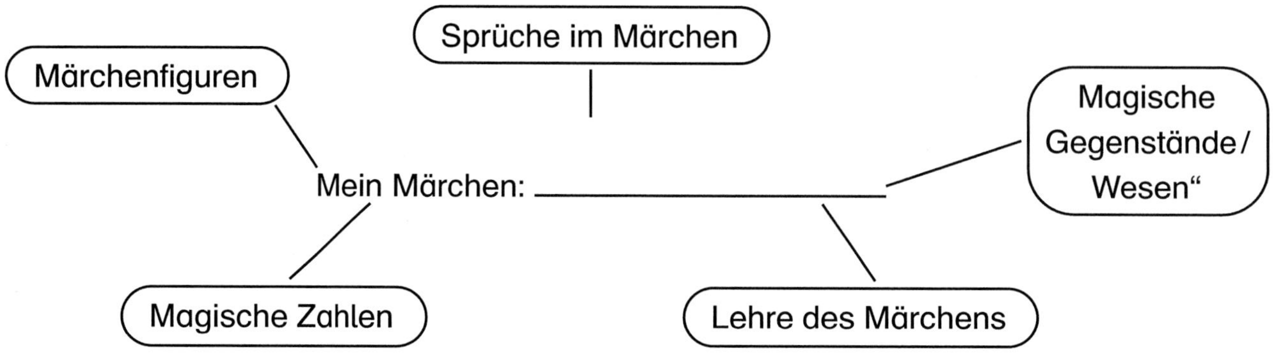

- Ausgewählte Gestaltungselemente des Lapbooks werden zur Verfügung gestellt (kopiert) und mit den Kindern besprochen, angeschaut und ausprobiert.

3. Sequenz:

- Die Kinder schreiben ihre eigenen Texte/Textteile und gestalten ihr Lapbook.

4. Sequenz:

- Die Lapbook-Präsentation wird eingeübt, evtl. unterstützt durch das Aufnehmen der Präsentation zum Beispiel mit Hilfe eines iPads oder dem Vorstellen vor kleinen Gruppen mit anschließenden Tipps.

5. Sequenz:

- Die Lapbooks werden in der Klasse, Parallelklasse oder vor kleinen Lerngruppen vorgestellt.
- Die Kinder geben Feedback:
  1. Was ist gut gelungen?
  2. Ist etwas unklar? Hast du Fragen?
  3. Hast du einen Tipp für das nächste Mal?

Erstellung des Lapbooks

Für die Erstellung des Lapbooks benötigen Sie für jedes Kind einen Bogen Tonkarton in beliebiger Farbe mit den Maßen 50 x 70 cm. Mit Hilfe des entsprechenden Titelblattes (s. S. 8) gestalten die Kinder die Außenseite des Lapbooks. Kopieren Sie das Titelblatt dafür auf DIN A3 hoch (200 %). Wählen die Kinder ein eigenes Märchen, können sie selbst ein Titelblatt erstellen. Dafür benötigen sie dann ein weißes Blatt Papier in entsprechender Größe. Als **Arbeitsmaterial** benötigen die Kinder Bunt- und Schreibstifte, Scheren, Kleber,

Musterklammern, eine Prickelnadel, kleine weiße Zettel (Zettelklotz), Stickgarn, eine Nadel und durchsichtiges Klebeband.
Für die Innenseite des Lapbooks „Märchen“ wählen die Kinder unterschiedlich viele Elemente aus und bearbeiten diese in beliebiger Reihenfolge oder zum Abschluss eines Teilthemas. Die Anleitungen für die einzelnen Elemente befinden sich jeweils auf den Auftragskarten. Diese können Sie auch mit den Kindern gemeinsam lesen. Die passenden Kopiervorlagen befinden sich direkt hinter oder auf den Auftragskarten.

Weisen Sie die Kinder vorab darauf hin, dass .... **gepunktete Linien** Ausschneidelinien, --- **gestrichelte Linien** Knickkanten und /// **schraffierte Flächen** Klebeflächen sind.

Die einzelnen Elemente kleben die Kinder anschließend wie auf den **Auftragskarten** beschrieben an eine ausgesuchte Stelle in das Lapbook. In diesem Heft sind **16 Faltvorlagen** enthalten. Damit diese auch alle in die Lapbooks der Kinder passen, weisen Sie die Kinder bitte darauf hin, die Elemente zunächst zu legen und diese dann erst platzsparend einzukleben.

Das Schmuckblatt (s. S. 35) eignet sich gut, um fächerübergreifende Elemente mit in das Lapbook aufzunehmen. Sollten Sie oder die Kinder weitere Ideen zur Ausgestaltung des Lapbooks haben, können diese ganz einfach ergänzt werden, indem zusätzliche Bögen Tonkarton für weitere Elemente angeklebt werden.

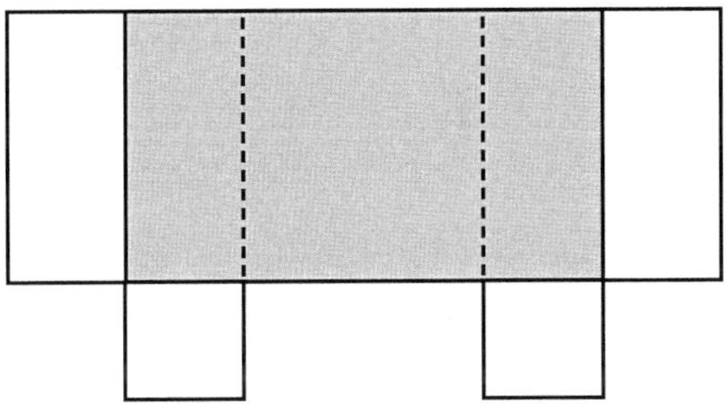

Die Lapbooks werden in Einzelarbeit, Partnerarbeit oder Gruppenarbeit erstellt. Als Abschluss besteht die Möglichkeit, dass sich die Kinder die Arbeiten gegenseitig vorstellen, zum Beispiel in Form einer mündlichen Präsentation oder eines Museumsrundgangs.

Auf dem Schmuckblatt (s. S. 35) können die Kinder ihr eigenes Märchen aufschreiben und gestalten. Mit dem Flipflap (s. S. 31) können auch Forscherfragen bearbeitet werden, die auf der Vorderseite notiert und auf der Innenseite beantwortet werden.

Mögliche Forscherfragen:
- Welche magischen Zahlen gibt es noch in Märchen?
- Wann schrieben die Gebrüder Grimm die Märchen auf?
- Was sind Kunstmärchen?
- …

Bewertungsbogen zum Lapbook „Märchen“

Bewertung für das Märchen-Lapbook von: ______________________

Arbeitsphase:				
Du hast Informationen (Bücher, Bilder, Texte aus dem Internet etc.) zum Märchen gefunden.				
Du hast eigene Ideen eingebracht.				
Du hast deine Arbeit gut organisiert und strukturiert.				
Bei Partner- oder Gruppenarbeit: Du hast dich mit deinem Partner/den anderen Kindern deiner Gruppe abgesprochen und zusammengearbeitet.				
Inhalt:				
Du hast wichtige Märchenmerkmale gefunden und dein Märchen richtig dargestellt.				
Du hast passende Vorlagen für dein Lapbook ausgewählt.				
Du hast dich auf die wesentlichen Punkte konzentriert.				
Der Zuhörer war interessiert und hat etwas über dein Märchen dazugelernt.				
Gestaltung:				
Dein Lapbook ist sinnvoll aufgebaut und du hast unterschiedliche Elemente verwendet.				
Du hast ordentlich gearbeitet (geschnitten, geklebt, geschrieben, (aus)gemalt).				
Präsentation:				
Du hast laut und deutlich gesprochen.				
Du hast meist frei und in ganzen Sätzen gesprochen.				
Du hast deine Zuschauer angeschaut.				
Du hast deine Präsentation sinnvoll aufgebaut.				

Meine Tipps für dich:

Note: ______________________

Mein Märchen-Buch – Lapbook

1. Male das Titelblatt an.

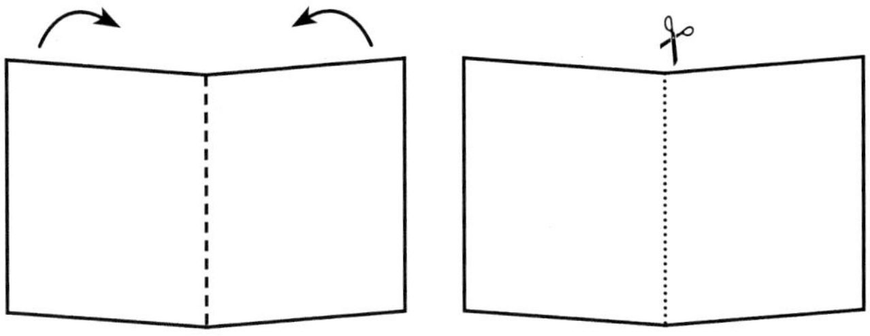

2. Knicke das Blatt in der Mitte
   und falte es wieder auseinander.
   Schneide das Titelblatt auseinander.
   Schneide dazu am Knick entlang.
   Er zeigt dir, wo die Mitte ist.

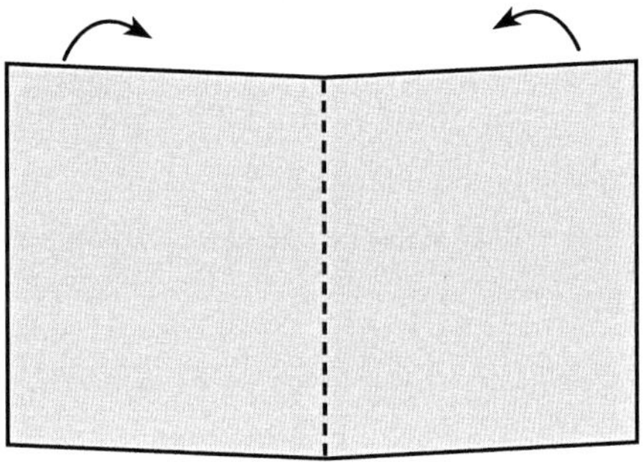

3. Falte einen Tonkarton
   einmal in der Mitte und
   klappe ihn wieder auf.

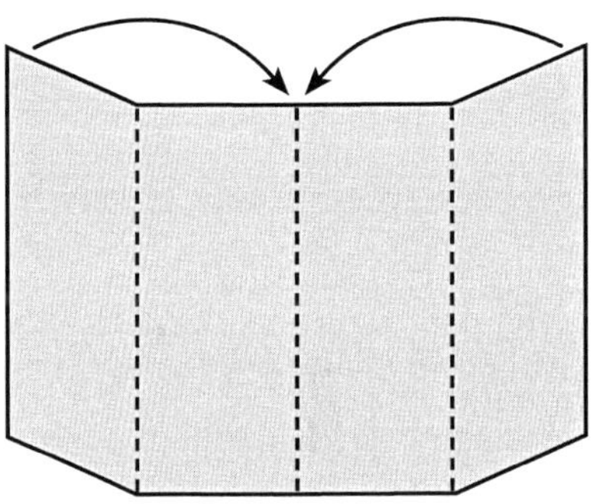

4. Falte dann die beiden Seiten
   des Tonkartons nach innen bis
   zur Mitte (jeweils ca. 17,5 cm).
   Du kannst dich an dem Knick
   in der Mitte orientieren.

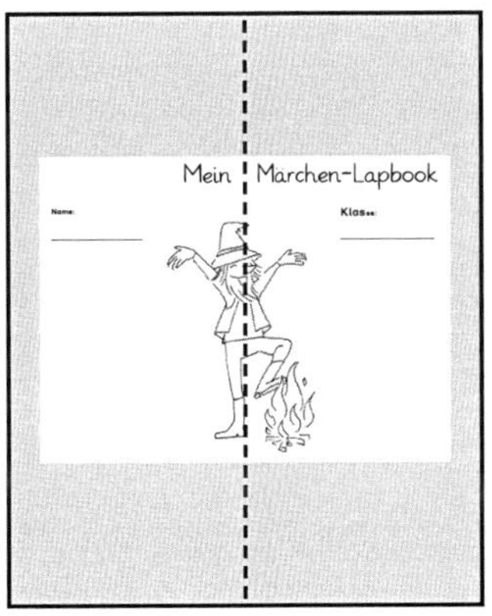

5. Klebe die beiden Seiten
   des Titelblattes vorn auf
   den Tonkarton.

6. Schreibe deinen Namen
   und deine Klasse auf das Märchen-Buch.

7. Jetzt kannst du die Faltvorlagen
   gestalten und sie in das Innere
   deines Märchen-Buchs kleben.

··········	= Linien zum Schneiden
--------	= Linien zum Knicken
////	= Flächen zum Kleben

Mein Märchen-Lapbook

Name:

Klasse:

Mein Märchen-Lapbook

Name:

Klasse:

Märchen und ihre Merkmale – Checkliste

Was ist ein Märchen?
Ein Märchen ist eine kurze, frei erfundene Erzählung. Früher wurden die Märchen vor allem mündlich überliefert. Viele Märchen handeln von Menschen und Tieren, die eine Aufgabe bewältigen müssen. Dabei gibt es Dinge, die es im richtigen Leben nicht gibt. Märchen sind voller Zauberei und magischer Wesen. Zu den bekanntesten Märchenerzählern gehören die Gebrüder Grimm und Hans Christian Andersen.

Welche Märchenmerkmale gibt es?

Bei deinem eigenen Märchen sollten einige dieser Merkmale vorkommen:

- ◯ Es gibt eine Anfangs- und eine Endformel: Es war einmal … / Und wenn sie nicht gestorben sind, dann leben sie noch heute.
- ◯ Zeit und Ort der Handlung sind nicht genau benannt, zum Beispiel Wald, Schloss, Es war einmal ...
- ◯ Es gibt besondere oder magische Gegenstände: sprechender Spiegel, silberner Schuh …
- ◯ Es kommen die magischen Zahlen 3, 7 und 12 vor, zum Beispiel 7 Zwerge oder 3 Aufgaben.
- ◯ Es gibt Sprüche und Zaubersprüche, zum Beispiel „Spieglein, Spieglein an der Wand, wer ist die Schönste im ganzen Land?“
- ◯ Die Märchenfiguren tragen oft keine Namen und es gibt Fabelwesen wie Hexen und Feen.
- ◯ Tiere spielen eine wichtige Rolle und können oft sprechen.
- ◯ Im Märchen gibt es viele Gegensätze, zum Beispiel gut – böse, schön – hässlich …
- ◯ Der Held oder die Heldin muss Aufgaben oder Prüfungen bestehen.
- ◯ Märchen gehen meistens gut aus und das Böse wird bestraft.

Rumpelstilzchen (1)

Es war einmal ein armer Müller, der hatte eine schöne Tochter. Eines Tages traf er den König. Um sich vor ihm wichtig zu machen, sagte der Müller: „Ich habe eine Tochter, die Stroh zu Gold spinnen kann!“ Das gefiel dem König. Er ließ die Müllerstochter in sein Schloss bringen und in eine Kammer voll Stroh führen. Er gab ihr ein Spinnrad und sagte: „Wenn du in dieser Nacht das Stroh nicht zu Gold gesponnen hast, musst du sterben!“ Daraufhin verschloss er die Kammer. Die arme Müllerstochter begann zu weinen.

Da öffnete sich auf einmal eine Türe und ein kleines Männlein trat herein. Es sprach: „Warum weint ihr so sehr, Müllerstochter?“
Das Mädchen anwortete: „Ich soll Stroh zu Gold spinnen. Aber ich verstehe nichts davon!“
„Was gibst du mir, wenn ich es dir spinne?“, sprach das Männlein.
„Mein Halsband!“, sagte das Mädchen sofort. Das Männlein nahm das Halsband und bis zum Morgen war alles Stroh zu Gold gesponnen.
Als der König das Gold sah, freute er sich. Er ließ das Mädchen in eine noch größere Kammer mit Stroh bringen. Der König befahl ihr erneut, das Stroh über Nacht zu Gold zu spinnen, wenn sie weiterleben wollte.

Das Mädchen weinte verzweifelt. Da erschien abermals das kleine Männlein. Es sprach: „Was gibst du mir dafür, wenn ich dir das Stroh zu Gold spinne?“
„Meinen Ring!“, antwortete das Mädchen sofort.
Das Männlein nahm den Ring und begann, das Stroh zu Gold zu spinnen.
Der König freute sich über das ganze Gold in der Kammer. Er wollte jedoch noch mehr. Er führte die Müllerstochter in eine noch größere Kammer mit Stroh und sprach: „Spinne das Stroh noch einmal zu Gold. Gelingt es dir, so sollst du meine Frau werden.“

Das Männlein kam ein drittes Mal. Es sprach: „Was gibst du mir, wenn ich dir noch dieses Mal das Stroh zu Gold spinne?“
„Ich habe nichts mehr, was ich dir geben könnte“, sagte das Mädchen verzweifelt.
„So versprich mir, dass du mir dein erstes Kind gibst!“
In ihrer Not versprach sie es dem Männlein. Dafür spann es noch einmal das Stroh zu Gold. Der König hielt daraufhin Hochzeit mit dem Mädchen und sie wurde Königin.

Rumpelstilzchen (2)

Ein Jahr später brachte sie ein Kind zur Welt. Da trat das Männlein plötzlich in ihre Kammer und sprach: „Nun gib mir, was du mir versprochen hast!“
Die Königin bot dem Männlein alle Reichtümer des Königreichs für ihr Kind an. Doch darauf ließ es sich nicht ein. Die Königin fing an zu weinen. Da hatte das Männlein Mitleid. Es sprach: „Drei Tage Zeit will ich dir geben. Wenn du bis dahin meinen Namen weißt, so sollst du dein Kind behalten!“

Die ganze Nacht über machte sich die Königin Gedanken. Sie schickte auch einen Boten übers Land. Er sollte sich erkundigen, welche Namen es gibt. Als am anderen Tag das Männlein auftauchte, sagte sie ihm alle Namen, die sie wusste.
„So heiß ich nicht!“, sprach das Männlein.

Am zweiten Tag ließ die Königin in der Nachbarschaft herumfragen. Sie sagte dem Männlein die ungewöhnlichsten Namen vor.
„So heiß ich nicht!“, sprach das Männlein erneut.

Am dritten Tag kam der Bote wieder zurück. Er erzählte ihr:
„Im Wald sah ich ein kleines Haus und davor brannte ein Feuer.
Darum tanzte ein kleines Männlein und schrie:
Heute back ich, morgen brau ich,
übermorgen hol ich der Königin ihr Kind;
ach, wie gut, dass niemand weiß,
dass ich Rumpelstilzchen heiß!“
Die Königin war so froh, als sie den Namen hörte.

Da trat das Männlein erneut herein. Die Königin zählte zuerst zwei andere Namen auf. „Nein!“, antwortete das Männlein.
„Heißt du etwa Rumpelstilzchen?“, fragte die Königin zum Schluss.
„Das hat dir der Teufel gesagt!“, schrie das Männlein und stampfte voller Zorn auf. Dann packte es in seiner Wut den linken Fuß und riss sich selbst entzwei.

Die Königin und der König lebten von nun an mit ihrem Kind glücklich bis an ihr Lebensende.

Das Märchen „Rumpelstilzchen“ – Ziehharmonika

1. Male die Bilder an. Schneide die Ziehharmonika dann aus.
2. Sieh dir die Bilder an. Gib das Märchen in deinen eigenen Worten wieder und schreibe es passend zu den Bildern in die Ziehharmonika.
3. Falte nun die Ziehharmonika an den gestrichelten Linien. Der Titel des Märchens sollte vorne stehen.
4. Klebe die Ziehharmonika mit dem letzten Blatt in dein Lapbook.

Tipp: Wenn du Hilfe brauchst, lies die Textabschnitte zum Märchen. Schneide sie sorgfältig aus. Klebe sie zu den passenden Bildern. Markiere die Anfangsformel und Endformel farbig.

Am dritten Tag hörte sie von einem Männlein. Es sang, sein Name sei Rumpelstilzchen. Die Königin nannte dem Männlein diesen Namen.	Wenn das Mädchen es ein drittes Mal schaffte, wollte der König sie heiraten. Dafür versprach sie dem Männlein ihr erstes Kind.
Rumpelstilzchen riss sich vor Wut entzwei. Die Königsfamilie aber lebte glücklich bis an ihr Lebensende.	Die Königin schickte Boten durchs Land. Doch am ersten und zweiten Tag stimmte keiner der Namen.
Es war einmal eine Müllerstochter, die für den König Stroh zu Gold spinnen sollte. Ein Männlein half ihr. Dafür gab sie ihm ihren Schmuck.	Sie wurde Königin und bekam ein Kind. Das Männlein gab ihr drei Tage Zeit, seinen Namen zu erraten. Dann dürfe sie ihr Kind behalten.

Das Märchen „Rumpelstilzchen“ – Ziehharmonika

Das Märchen „Rumpelstilzchen“

Die Märchenfiguren in „Rumpelstilzchen" – Zettelblock

1. Schreibe jeweils die Namen der Figuren aus dem Märchen auf den Zettel.
2. Male die Figuren selbst oder nutze die Vorlagen. Male dazu die Figuren bunt an. Schneide sie dann aus und klebe sie auf.
3. Welche Eigenschaften haben die Figuren? ☒ Kreuze an.
4. Schneide die Zettel aus. Klebe sie oben aneinander. Achte darauf, dass das Deckblatt vorne ist.
5. Klebe den Zettelblock mit der Rückseite des letzten Blattes in dein Lapbook.

Die magische Zahl in „Rumpelstilzchen" – Doppelklappkarte

1. An welchen Stellen im Märchen ist die magische Zahl 3 zu finden? Schreibe es passend zu den Bildern in die Kreise.
2. Schneide die Doppelklappkarte aus.
3. Klappe die äußeren Kreise in der Mitte übereinander. Klebe die Doppelklappkarte mit der Rückseite in dein Lapbook.
4. Schreibe auf die Vorderseite: Die magische Zahl in „Rumpelstilzchen"

Tipp: Wenn du nicht weiterkommst, können dir die Textkarten helfen. Schneide sie aus und klebe sie in die Kreise.

Die Märchenfiguren in „Rumpelstilzchen“ – Zettelblock

Die Figuren im Märchen
Rumpelstilzchen

Name: ____________

Bild:

Eigenschaften:

- [ ] freundlich
- [ ] bösartig
- [ ] bestimmend
- [ ] klug
- [ ] wütend
- [ ] tapfer
- [ ] hilfsbereit
- [ ] verzweifelt
- [ ] ____________
- [ ] gut
- [ ] gierig
- [ ] ____________

Bitte mehrfach kopieren.

Die magische Zahl in „Rumpelstilzchen“ – Doppelklappkarte

Die Müllerstochter soll drei Mal Stroh zu Gold spinnen.

Rumpelstilzchen gibt ihr drei Tage Zeit, seinen Namen zu erraten.

Die Königin sagt ihm seinen richtigen Namen beim dritten Mal.

Der Spruch in „Rumpelstilzchen“ – Sprechblase

1. Lies den Text des Märchens „Rumpelstilzchen“.
2. Welcher Spruch kommt in diesem Märchen vor? Markiere ihn farbig.
3. Schreibe den Spruch ordentlich in die Sprechblase.
4. Schneide Rumpelstilzchen und die Sprechblase aus.
5. Klebe sie in dein Lapbook.

Tipp: Du kannst den Spruch auch ausschneiden und aufkleben.

Heute back ich, morgen brau ich,
übermorgen hol ich der Königin ihr Kind;
ach, wie gut, dass niemand weiß,
dass ich Rumpelstilzchen heiß!

Ist Rumpelstilzchen gut oder böse? – Faltkarte

1. Überlege gemeinsam mit einem Partner, ob Rumpelstilzchen gut oder böse ist?
2. Schreibe auf, was Rumpelstilzchen gut oder böse macht.
3. Schreibe deine Meinung in die Mitte der Faltkarte.
4. Schneide die Faltkarte aus. Knicke die Seiten nach innen.
5. Klebe die Faltkarte mit der Rückseite in dein Lapbook.
6. Schreibe „Ist Rumpelstilzchen gut oder böse?" auf die oberste Seite.

Tipp: Wenn du nicht mehr weiterweißt, dann schneide eine Meinung aus, der du zustimmst. Klebe sie in die Mitte.

gut	Meine Meinung	böse

Rumpelstilzchen ist gut, weil er der Müllerstochter das Leben rettet. Er gibt ihr auch aus Mitleid eine Chance, ihr Kind zu behalten.	Rumpelstilzchen ist böse, weil er für seine Hilfe das Kind der Müllerstochter verlangt.	Rumpelstilzchen ist gut und böse. Er rettet der Müllerstochter das Leben, aber er verlangt dafür ihr erstes Kind.

Frau Holle (1)

Es war einmal eine Witwe, die hatte zwei Töchter. Eine davon war schön und fleißig, die andere war hässlich und faul. Die Witwe hatte aber die hässliche und faule viel lieber, da sie ihre eigene Tochter war. Die andere musste alle Arbeit verrichten. Das arme Mädchen setzte sich täglich an den Brunnen und musste so viel spinnen, dass es blutige Finger hatte.

Einmal war die Spule so voll Blut, dass das Mädchen sie im Brunnen abwaschen wollte. Sie fiel ihm aber hinab in den Brunnen. Es weinte und lief zur Stiefmutter. Die Stiefmutter schimpfte: „Hast du die Spule hinunterfallen lassen, so hol sie auch wieder herauf!"
Da lief das Mädchen zurück. In seiner Angst sprang es in den Brunnen hinein, um die Spule zu holen. Es verlor die Besinnung.
Als es wieder erwachte, war es auf einer schönen Wiese.
Darauf stand ein Backofen voll mit Brot. Das Brot rief:
„Ach, zieh mich raus, zieh mich raus, sonst verbrenn ich!
Ich bin schon längst ausgebacken." Da holte das Mädchen mit dem Brotschieber alle Brote heraus.

Danach kam es zu einem Baum, der voller Äpfel hing.
Dieser rief ihm zu: „Ach, schüttel mich, schüttel mich, wir Äpfel sind alle miteinander reif!" Da schüttelte es den Baum, bis kein Apfel mehr oben war.
Es legte alle Äpfel zu einem Haufen zusammen und ging weiter.

Endlich kam es zu einem kleinen Haus, daraus guckte eine alte Frau.
Weil sie aber so große Zähne hatte, bekam das Mädchen Angst und wollte fortlaufen. Die alte Frau rief ihm nach: „Warum fürchtest du dich, liebes Kind? Bleib bei mir, und wenn du alle Arbeit im Hause ordentlich tust, dann soll es dir gutgehen. Du musst nur achtgeben, dass du mein Bett gut aufschüttelst, dass die Federn fliegen. Denn dann schneit es in der Welt.
Ich bin nämlich die Frau Holle."
Weil die Alte dem Mädchen so gut zusprach, begab es sich in ihren Dienst.
Es verrichtete die Arbeit auch nach ihrer Zufriedenheit. Dafür hatte es ein gutes Leben bei ihr.

Nun war das Mädchen eine Weile bei der Frau Holle, da bekam es Heimweh.
Es sagte: „Auch wenn es mir noch so gut geht hier, so kann ich doch nicht länger bleiben."
Frau Holle antwortete: „Weil du mir so treu gedient hast, so will ich dich selbst wieder hinaufbringen."
Sie führte es vor ein großes Tor. Das Tor ging auf und als das Mädchen genau darunter stand, fiel ein gewaltiger Goldregen. Alles Gold blieb an ihm hängen, sodass es über und über davon bedeckt war.
„Das sollst du haben, weil du so fleißig gewesen bist", sprach Frau Holle.
Sie gab ihm auch die Spule wieder. Darauf schloss sich das Tor und das Mädchen befand sich oben auf der Welt.

Frau Holle (2)

Als es wieder in den Hof kam, rief der Hahn: „Kikeriki, Kikeriki, unsere goldene Jungfrau ist wieder hie!"
Weil es so mit Gold bedeckt ankam, wurde es von ihrer Mutter und der Schwester gut aufgenommen. Das Mädchen erzählte alles, was geschehen war. Die Mutter wollte der hässlichen und faulen Tochter gerne dasselbe Glück verschaffen. Sie sollte sich an den Brunnen setzen und spinnen, bis ihre Spule blutig wurde. Aber statt zu spinnen, stach sie sich in die Finger. Dann warf sie die Spule in den Brunnen und sprang selbst hinein.

Sie kam auf die schöne Wiese und ging auf demselben Weg. Als sie zu dem Backofen gelangte, schrie das Brot wieder: „Ach, zieh mich raus, zieh mich raus, sonst verbrenn ich! Ich bin schon längst ausgebacken." Die Faule aber antwortete: „Ich habe keine Lust, mich schmutzig zu machen!", und ging weiter.
Bald kam sie zu dem Apfelbaum, der rief: „Ach, schüttel mich, schüttel mich, wir Äpfel sind alle miteinander reif!" Sie antwortete aber: „Es könnte mir einer auf den Kopf fallen!", und ging weiter.
Als sie zu Frau Holles Haus kam, trat auch sie in ihren Dienst. Am ersten Tag war sie fleißig. Am zweiten Tag aber fing sie schon an zu faulenzen, am dritten Tag noch mehr. Da wollte sie morgens gar nicht aufstehen. Sie machte auch Frau Holle das Bett nicht und schüttelte es nicht, dass die Federn aufflogen.

Dessen wurde Frau Holle bald müde und kündigte ihr den Dienst. Die Faule war zufrieden damit. Frau Holle führte sie auch zu dem Tor. Als sie aber darunter stand, wurde statt des Goldes ein großer Kessel voll Pech ausgeschüttet. „Das ist die Belohnung für deinen Dienst", sagte Frau Holle und schloss das Tor zu.

Da kam die Faule heim und der Hahn rief: „Kikeriki, Kikeriki, unsere schmutzige Jungfrau ist wieder hie."
Das Pech aber blieb fest an ihr hängen, solange sie lebte.

Das Märchen „Frau Holle“ – Leporello

1. Was passiert in dem Märchen „Frau Holle“?
   Schreibe passend zu den Bildern.
2. Male die Bilder an.
3. Schneide die Leporellostreifen aus.
4. Klebe die Leporellostreifen an den Klebeflächen zusammen.
   Achte auf die richtige Reihenfolge!
5. Knicke das Leporello an den gestrichelten Linien.
   Das Deckblatt soll oben sein.
6. Klebe dein Leporello mit der Rückseite des letzten Blattes
   in dein Lapbook.

Die Märchenfiguren in „Frau Holle“ – Klapptor

1. Welche Figuren kommen in dem Märchen „Frau Holle“ vor?
   Male sie in die leeren Felder im Klapptor oder benutze die Vorlagen.
   Male diese dafür an, schneide sie aus und klebe sie
   in das Klapptor.
2. Schreibe den jeweiligen Namen unter das Bild.
   Tipp: Schaue dir die Bilder zum Märchen (S. 19 / 20) noch einmal an.
3. Schneide den Klapptorbogen aus.
   Achtung: Schneide die Türen **nicht** auseinander!
   Knicke die Seiten an den gestrichelten Linien nach innen.
4. Male die Vorderseite des Torbogens an.
   Schreibe eine passende Überschrift auf die Vorderseite.
5. Klebe den Klapptorbogen mit der Rückseite in dein Lapbook.

Das Märchen „Frau Holle“ – Leporello

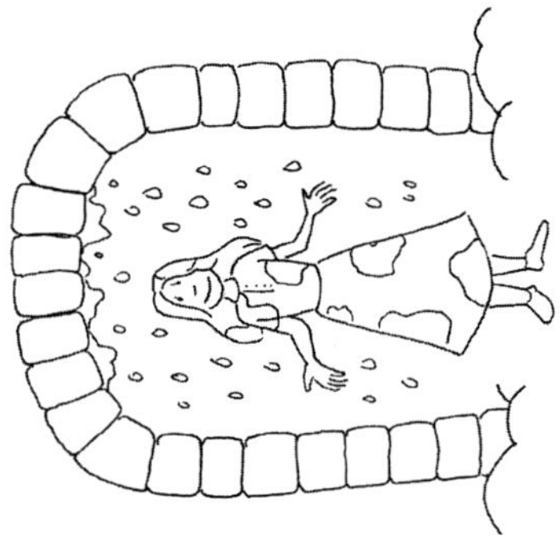

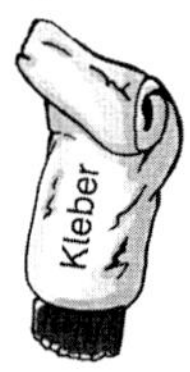

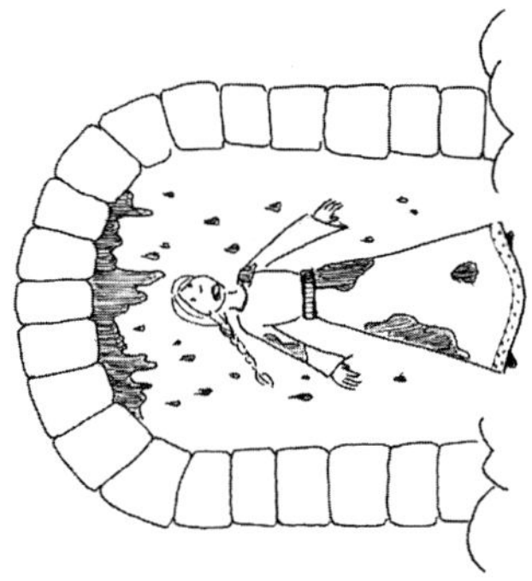

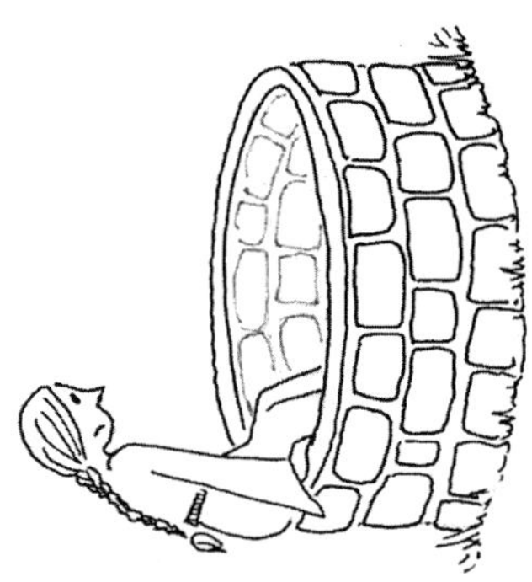

Frau Holle

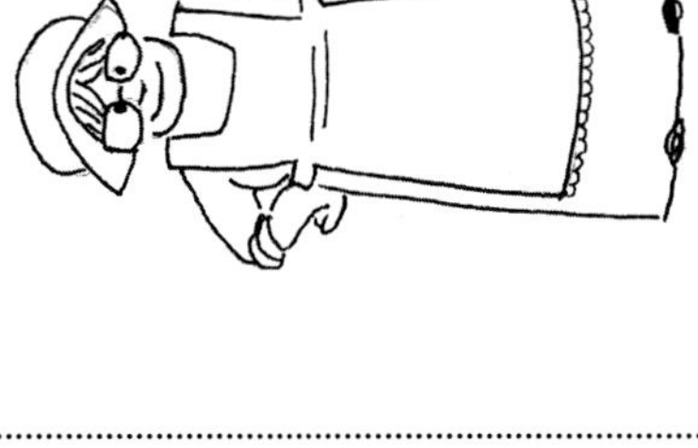

Die Märchenfiguren in „Frau Holle“ – Klapptor

Die Sprüche in „Frau Holle“ – Girlande

1. Schreibe die Märchensprüche in die Schneeflocken.
2. Schneide die Schneeflocken und das Bild von Frau Holle ordentlich aus.
3. Stich vorsichtig mit einer Schere oder Prickelnadel ein Loch oben in die Schneeflocken.
4. Fädle die Schneeflocken mit Nadel und Faden auf. Mache hinter jeder Schneeflocke einen Knoten, damit sie nicht verrutscht.
5. Befestige die Girlande mit Klebeband unter Frau Holles Kissen. Klebe das Bild von Frau Holle oben in dein Lapbook, sodass die Girlande noch darunter passt.

Tipp: Du kannst die Sprüche auch ausschneiden und in die Schneeflocken kleben.

„Ach, schüttel mich, schüttel mich, wir Äpfel sind alle miteinander reif!“	„Ach, zieh mich raus, zieh mich raus, sonst verbrenn ich! Ich bin schon längst ausgebacken.“	„Kikeriki, Kikeriki, unsere goldene Jungfrau ist wieder hie.“	„Kikeriki, Kikeriki, unsere schmutzige Jungfrau ist wieder hie.“

Bitte mehrfach kopieren.

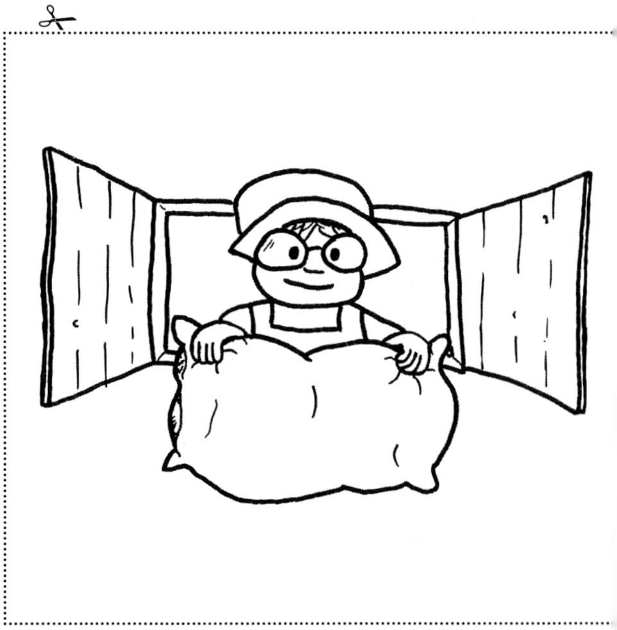

Bitte vergrößert kopieren.

Magische Gegenstände in „Frau Holle“ – Dreieckstasche

1. Male die magischen Gegenstände aus „Frau Holle“ auf oder nutze die Vorlagen.
2. Schreibe das passende Wort unter das jeweilige Bild.
3. Schneide die Bildkarten aus.
4. Male die Dreieckstasche an und schneide sie aus.
5. Knicke die gestrichelten Linien nach hinten.
6. Klebe die Tasche mit den Klebeflächen in dein Lapbook.
7. Stecke die Bildkarten in die Dreieckstasche.

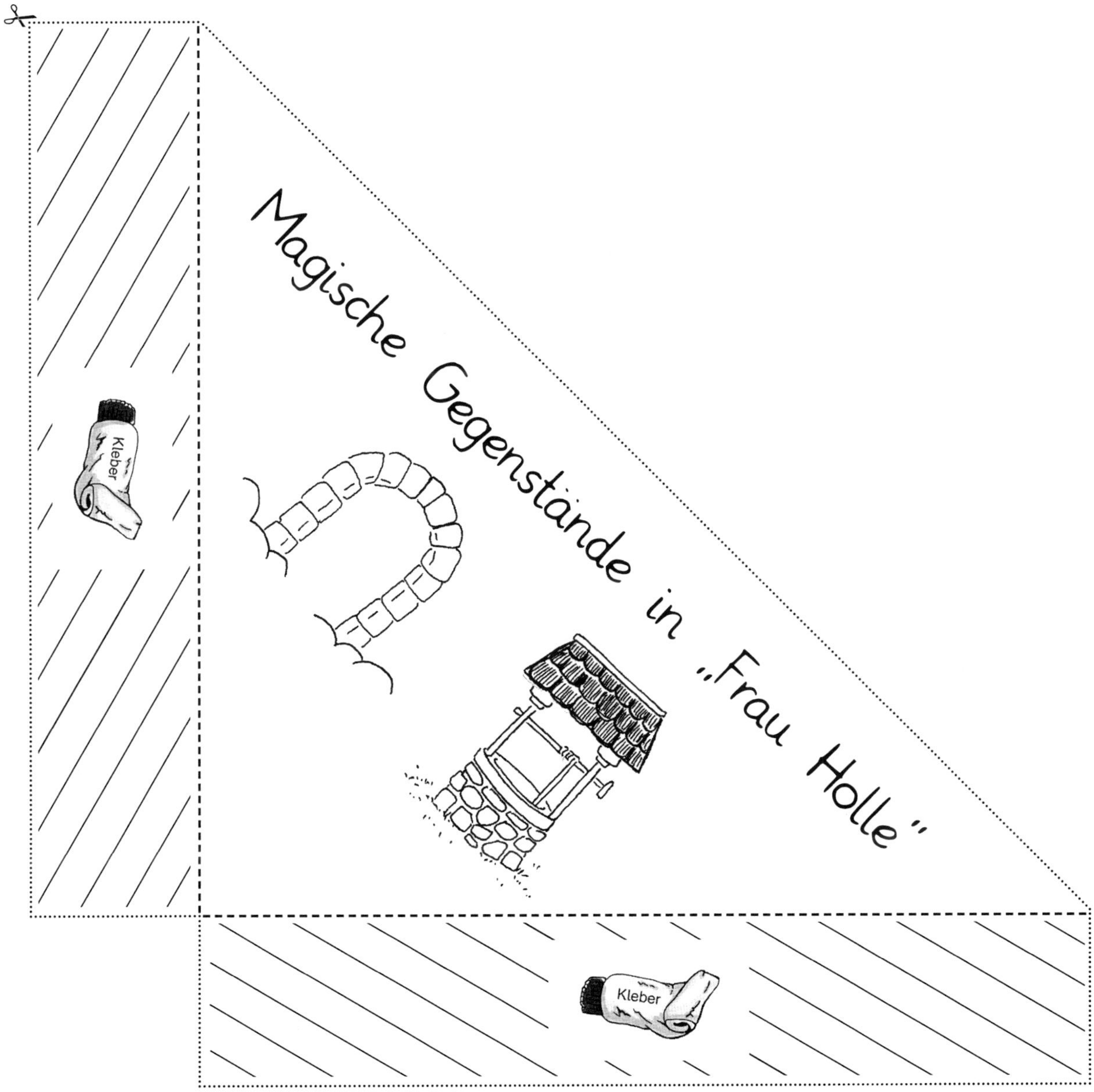

Orte im Märchen „Frau Holle“ – Drehscheibe unten

1. Welche Orte kommen im Märchen „Frau Holle“ vor?
   Schreibe jeweils den passenden Ort zum Bild.
2. Schneide beide Teile der Drehscheibe ordentlich aus.
3. Stich nun mit einer Prickelnadel ein Loch in die Mitte der beiden Kreise.
4. Verbinde beide Drehscheiben mit einer Musterklammer. Die Scheibe mit der Öffnung muss oben sein.
5. Klebe die Drehscheibe mit der Rückseite in dein Lapbook.

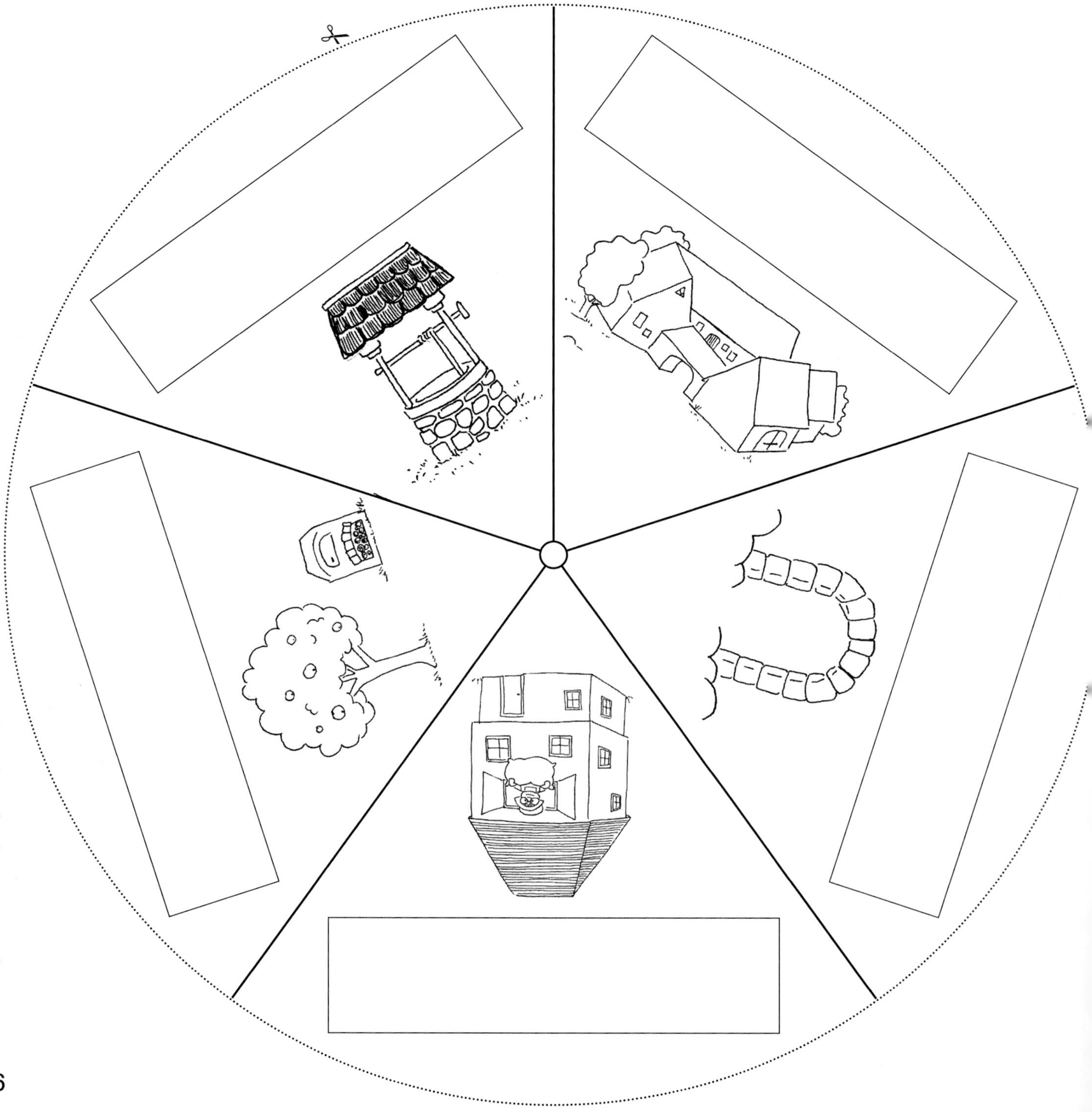

Orte im Märchen „Frau Holle“ – Drehscheibe oben

Die Orte

im Märchen

„Frau Holle“

Die magische Zahl in „Frau Holle“ – Dreiecksblüte

1. Male die Bilder an.

2. Schreibe einen passenden Satz zu jedem Bild.

3. Schneide die Dreiecksblüte aus.

4. Falte die äußeren Dreiecke an der gestrichelten Linie nach innen.

5. Klebe die Dreiecksblüte mit der Rückseite in dein Lapbook.

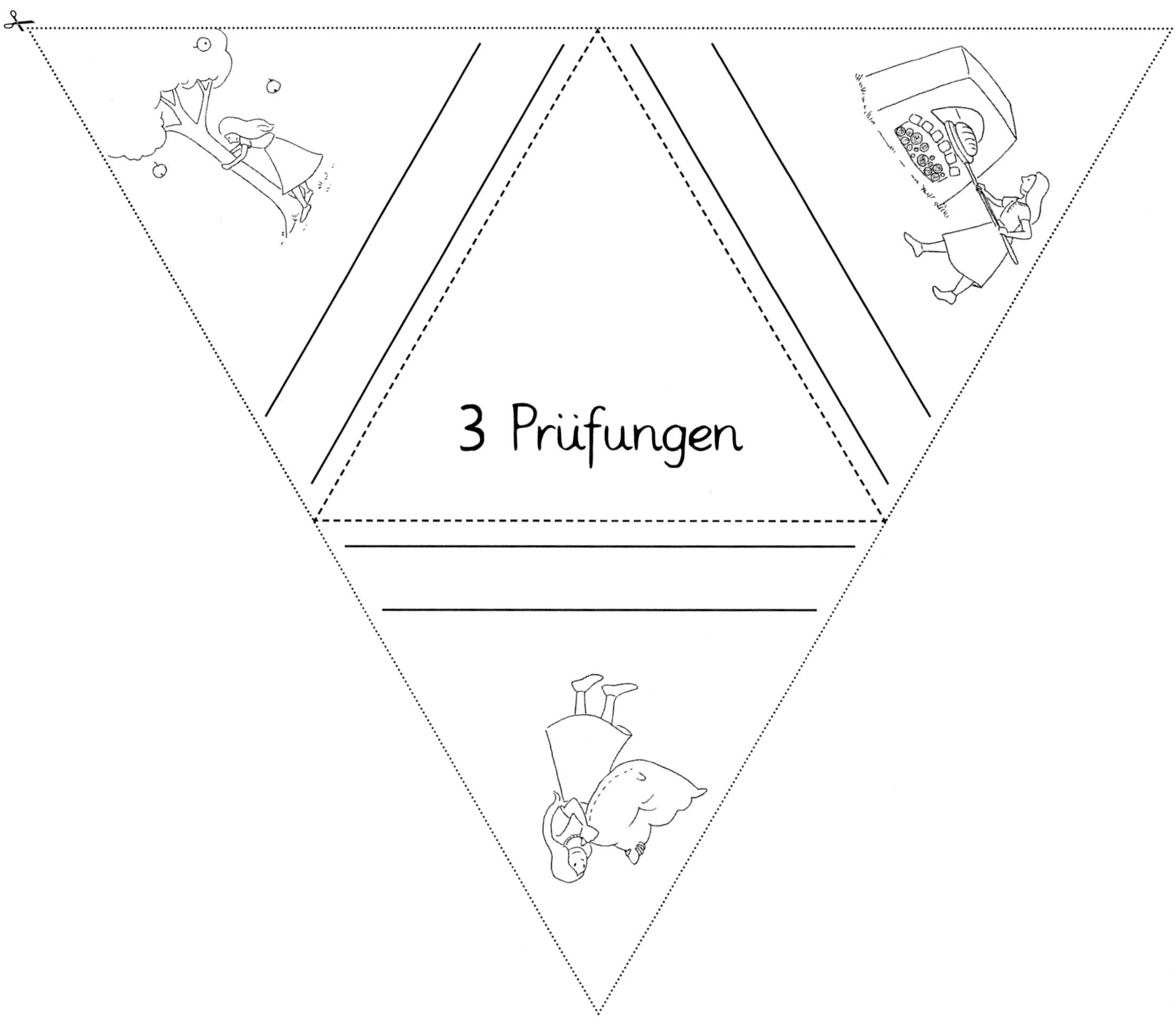

Die Lehre des Märchens – Schriftrolle

1. Welche Lehre kann man aus deinem Märchen ziehen?
   Schreibe die Lehre auf die Schreiblinien und begründe sie.
2. Schneide die Halterung für die Schriftrolle aus.
3. Knicke die Klebekanten an der gestrichelten Linie nach hinten.
4. Klebe die Halterung mit den Klebekanten in dein Lapbook.
5. Schneide die Schriftrolle aus. Rolle die Schriftrolle, drücke sie etwas platt und stecke sie in die Halterung.

Die Figuren in meinem Märchen – Flipflap

1. Schreibe auf jede Klappe des Flipflaps eine wichtige Figur aus deinem Märchen. Auch ein Tier kann wichtig sein.
2. Male die Figuren hinter die Klappen.
3. Schneide das Flipflap aus.
4. Schneide es an den gepunkteten Linien ein.
5. Falte die Klappen nach hinten.
6. Klebe das Flipflap mit der Rückseite in dein Lapbook

Tipp: Wenn Felder übrig sind, schneide sie ab.

Die Lehre des Märchens – Schriftrolle

Die Lehre des Märchens

Die Lehre des Märchens

Die Figuren in meinem Märchen – Flipflap

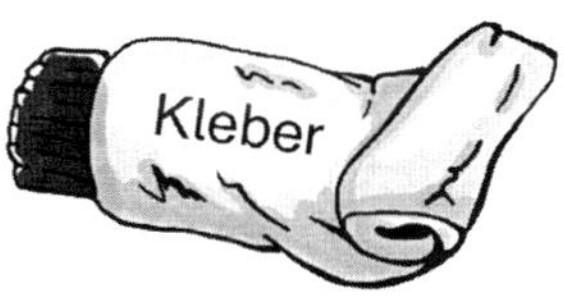

Wichtige Personen und Figuren in meinem Märchen

Bei Bedarf mehrfach kopieren.

Meine Lieblings-Märchenfigur – Faltherz

1. Welche ist deine Lieblings-Märchenfigur?
   Fülle die Herzen aus. Male die Figur unter den Namen.
2. Schneide das Faltherz aus.
3. Falte die Herzen nacheinander an den gestrichelten Linien übereinander. Beginne mit dem Herz „Ihre Eigenschaften“.
   Das Herz mit „Meine Lieblings-Märchenfigur“ liegt am Ende unten.
4. Klebe das Faltherz mit der Rückseite in dein Lapbook.
5. Schreibe auf das oberste Herz: Meine Lieblings-Märchenfigur

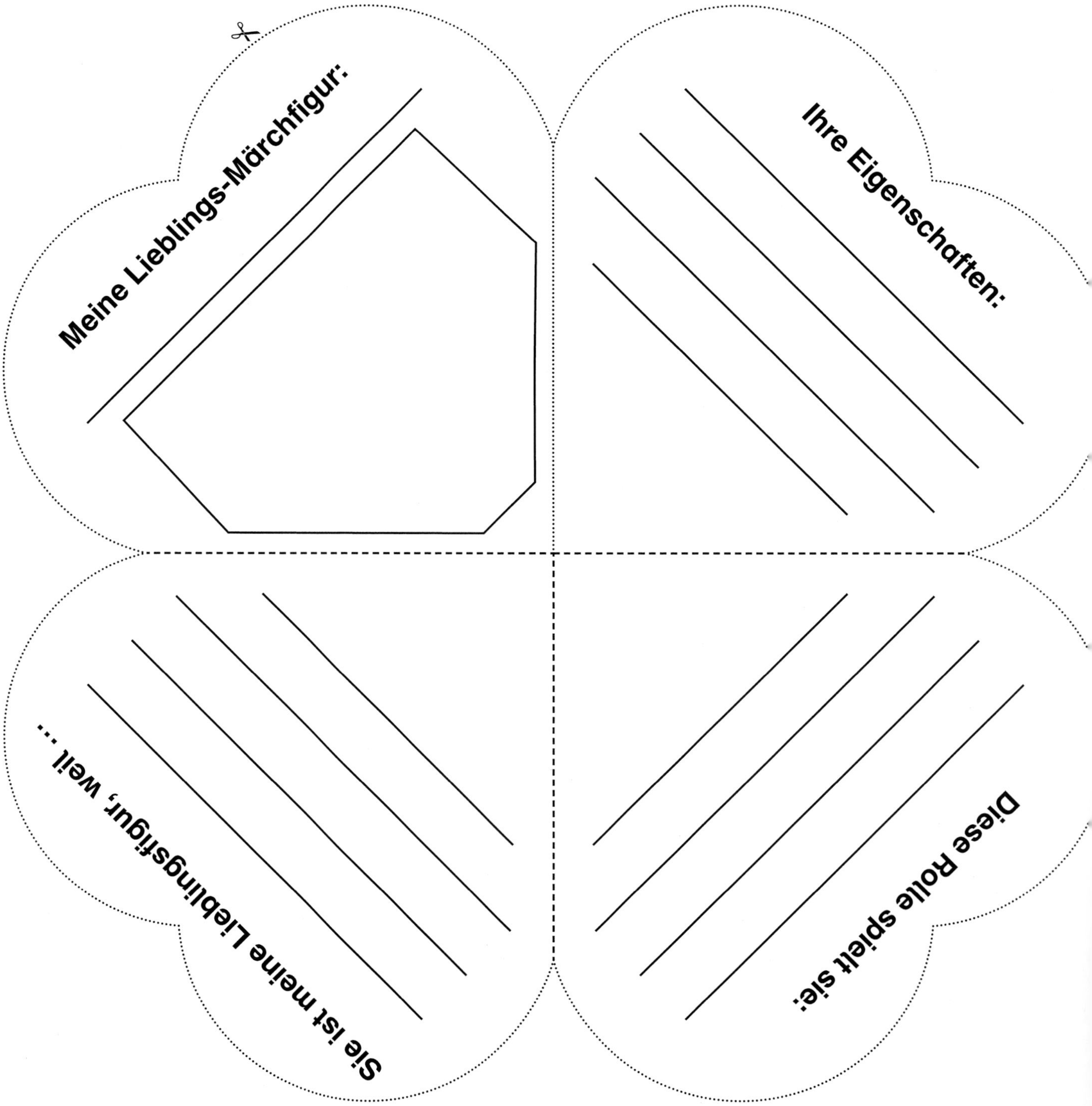

Orte in meinem Märchen – Fächer

1. Male die Orte aus dem Märchen auf.
   Schreibe den Namen darunter.
2. Schneide alle Teile des Fächers aus und loche sie an der vorgegebenen Stelle.
3. Stecke alle Teile mit einer Musterklammer zu einem Fächer zusammen. Achte darauf, dass das Deckblatt oben ist.
4. Klebe den Fächer mit der Rückseite des letzten Blattes in dein Lapbook.

Orte in
meinen Märchen

Ggf. mehrfach kopieren.

Magisches in meinem Märchen – Faltblume

1. Welche magischen und märchenhaften Dinge kommen in deinem Märchen vor? Male sie jeweils in eine Blüte der Faltblume.
2. Schreibe die passenden Wörter zu den Gegenständen auf die Linien.
3. Schneide die Faltblume aus.
4. Knicke die Blütenblätter nach innen.
5. Klebe die Faltblume mit der Rückseite in dein Lapbook.

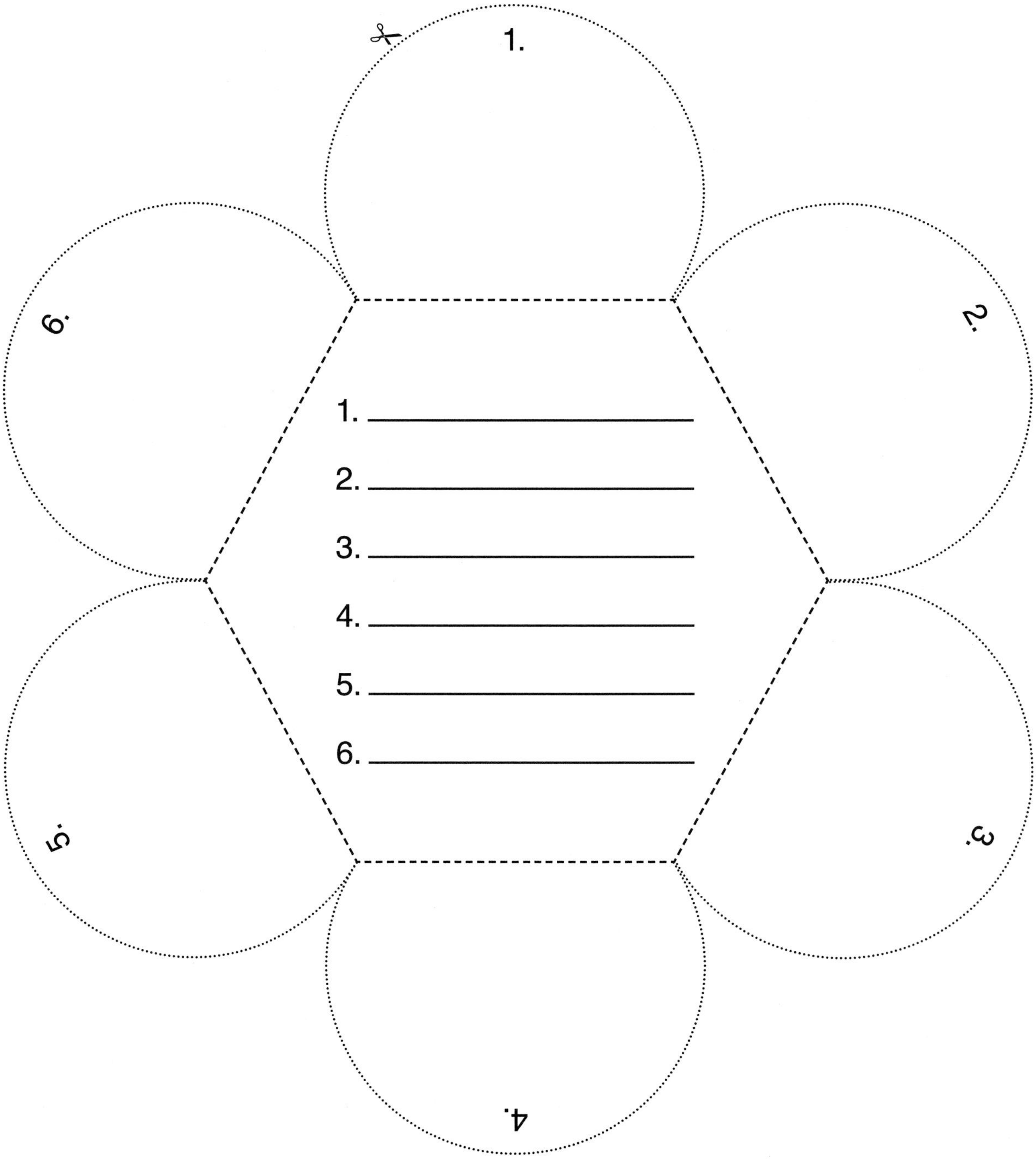

BVK • Sonja Schneider / Katja Zigan: Lapbook „Märchen“

zu S. 14 / 15: „Die Märchenfiguren in „Rumpelstilzchen“ – Zettelblock“

zu S. 25: „Magische Gegenstände in „Frau Holle“ – Dreieckstasche “

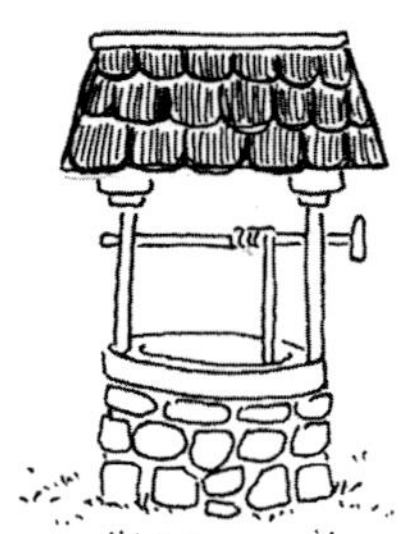